Table des matières

Résumé

Ce livre est un guide complet pour apprendre la programmation en Python, conçu pour soutenir les étudiants dans le développement de leurs compétences en programmation. En suivant ce guide et en réalisant les exercices, les lecteurs acquerront une solide base en programmation Python et gagneront en confiance pour relever les défis de programmation. Que vous soyez débutant ou programmeur expérimenté, ce livre constitue une ressource précieuse pour maîtriser Python et améliorer vos compétences en programmation.

Le livre est divisé en sept chapitres :

Chapitre 1 : Variables, Conditions, et Boucles

Chapitre 2 : Fonctions, Listes, et Fonctions Lambda

Chapitre 3 : Chaînes de caractères

Chapitre 4 : Dictionnaires, Tuples, et Ensembles

Chapitre 5 : Fichiers

Chapitre 6 : Récursivité

Chapitre 7 : Travaux Pratiques (Structures de Données)

Introduction

Ce livre est conçu pour vous offrir une série d'exercices structurés et corrigés qui vous permettront de mieux comprendre les concepts fondamentaux de la programmation. Forts de notre expérience dans le domaine de la programmation, en particulier avec Python, nous avons veillé à ce que le contenu de ce livre soit progressif, cohérent et clair.

Les chapitres de ce livre abordent les notions fondamentales et la syntaxe de Python en suivant une approche pédagogique. Dans le chapitre 1, vous découvrirez les bases de la programmation, telles que les variables, les conditions et les boucles. Le chapitre 2 vous présentera les listes et les fonctions, tandis que le chapitre 3 se concentrera sur les manipulations de chaînes de caractères. Le chapitre 4 aborde les tuples, les ensembles et les dictionnaires. Dans le chapitre 5, vous étudierez les fichiers. Le chapitre 6 explorera le concept de récursivité. Enfin, le chapitre 7 propose des travaux pratiques sur les structures de données.

Python est un langage riche en fonctionnalités qui facilitent les opérations sur les listes et les chaînes de caractères. Dans cet ouvrage, nous vous proposons deux versions dans les corrections des exercices : une version sans l'utilisation des fonctions prédéfinies et une version avec les fonctions prédéfinies. L'objectif est de vous permettre de vous entraîner à l'élaboration d'algorithmes pour résoudre certains problèmes.

Ce livre est destiné à toute personne souhaitant apprendre ou approfondir ses connaissances en Python. Ce livre est conçu pour vous accompagner dans votre parcours d'apprentissage. Nous espérons que vous trouverez dans ces pages les outils et les connaissances nécessaires pour développer vos compétences en programmation.

Chapitre 1

Notions de base : Variables, Conditions, et Boucles

1 Notions de base : Variables, Conditions, et Boucles

1.1 Enoncés

Exercice 1.1

Écrire un programme qui demande à l'utilisateur de saisir un nombre et affiche si ce nombre est pair ou impair.

Exercice 1.2

Écrire un programme qui demande à l'utilisateur de saisir deux nombres et affiche le plus grand des deux.

Exercice 1.3

Écrire un programme qui demande à l'utilisateur de saisir son âge et affiche s'il est majeur ou mineur (en considérant que l'âge de la majorité est de 18 ans).

Exercice 1.4

Écrire un programme qui demande à l'utilisateur de saisir une note sur 20 et affiche sa mention en fonction de la note (par exemple, Très bien pour une note supérieure ou égale à 16, Bien pour une note entre 14 et 16, etc.).

Exercice 1.5

Écrire un programme qui demande à l'utilisateur de saisir trois longueurs et vérifie si ces longueurs peuvent former un triangle. Si oui, affichez "Les longueurs peuvent former un triangle", sinon affichez "Les longueurs ne peuvent pas former un triangle".

Exercice 1.6

Ecrire un programme qui calcule x à la puissance n, n est un entier positif.

Exercice 1.7

Écrire un programme qui calcule pour un entier positif donné **n** la valeur **n!**,

    Entrée : n de type naturel

    Sortie : factorielle (n) = 1 * 2 * 3 *....* (n-1) * n

Exercice 1.8

Écrire le programme qui détermine si un entier n est premier.

Exercice 1.9

Écrire le programme qui détermine si un nombre est parfait.

Rappel : un nombre est parfait s'il est égal à la somme de ses diviseurs.

Exemple : 6 est un nombre parfait : 6=1+2+3

Exercice 1.10

Écrire un programme qui détermine le premier nombre entier N tel que la somme de 1 à N dépasse strictement 100.

Exercice 1.11

Écrire le programme qui permet de trouver le plus petit nombre premier strictement supérieur à un entier positif donné **n**.

1.2 Correction

Exercice 1.1 :

```python
nombre = int(input("Entrez un nombre : "))
if nombre % 2 == 0:
    print("Le nombre est pair.")
else:
    print("Le nombre est impair.")
```

Exercice 1.2 :

```python
nombre1 = int(input("Entrez le premier nombre : "))
nombre2 = int(input("Entrez le deuxième nombre : "))
if nombre1 > nombre2:
    print("Le plus grand nombre est :", nombre1)
else:
    print("Le plus grand nombre est :", nombre2)
```

Exercice 1.3 :

```python
age = int(input("Entrez votre âge : "))
if age >= 18:
    print("Vous êtes majeur.")
else:
    print("Vous êtes mineur.")
```

Exercice 1.4 :

```python
note = int(input("Entrez votre note sur 20 : "))
if note >= 16:
    print("Très bien")
elif note >= 14:
    print("Bien")
elif note >= 12:
    print("Assez bien")
```

```python
elif note >= 10:
    print("Passable")
else:
    print("Insuffisant")
```

Exercice 1.5 :

```python
a = float(input("Entrez la première longueur : "))
b = float(input("Entrez la deuxième longueur : "))
c = float(input("Entrez la troisième longueur : "))
if a + b > c and a + c > b and b + c > a:
    print("Les longueurs peuvent former un triangle.")
else:
    print("Les longueurs ne peuvent pas former un triangle.")
```

Exercice 1.6 :

```python
x = float(input("Entrez la valeur de x : "))
n = int(input("Entrez la valeur de n : "))
resultat = 1
for i in range(n):
    resultat *= x
print("Le résultat de", x, "à la puissance", n, "est :", resultat)
```

Exercice 1.7 :

```python
n = int(input("Entrez un nombre naturel : "))
factorielle = 1
for i in range(1, n + 1):
    factorielle *= i
print("La factorielle de", n, "est :", factorielle)
```

Exercice 1.8 :

```python
n = int(input("Entrez un entier : "))
if n <= 1:
    print(n, "n'est pas premier.")
```

```python
    else:
        est_premier = True
        for i in range(2, int(n ** 0.5) + 1):
            if n % i == 0:
                est_premier = False
                break
        if est_premier:
            print(n, "est premier.")
        else:
            print(n, "n'est pas premier.")
```

Exercice 1.9 :

```python
nombre = int(input("Entrez un nombre : "))
somme_diviseurs = 0
for i in range(1, nombre):
    if nombre % i == 0:
        somme_diviseurs += i
if somme_diviseurs == nombre:
    print(nombre, "est un nombre parfait.")
else:
    print(nombre, "n'est pas un nombre parfait.")
```

Exercice 1.10 :

```python
somme = 0
N = 1
while somme <= 100:
    N += 1
    somme += N


print("Le premier nombre entier N tel que la somme de 1 à N dépasse strictement 100
est :", N)
```

Exercice 1.11 :

```python
n = int(input("Entrez un entier positif : "))
nombre = n + 1
while True:
    est_premier = True
    for i in range(2, int(nombre ** 0.5) + 1):
        if nombre % i == 0:
            est_premier = False
            break
    if est_premier:
        break
    nombre += 1
print("Le plus petit nombre premier strictement supérieur à", n, "est :", nombre)
```

Chapitre 2

Fonctions, Listes, et Fonctions lambda

2 Fonctions, Listes, et Fonctions lambda

2.1 Enoncés

2.1.1 Fonctions

N.B : Les corrections sont présentées avec un exemple de test des fonctions.

Exercice 2.1.1

Donner la fonction qui permet de calculer le maximum de trois valeurs a, b, et c données en paramètres.

Exercice 2.1.2

Donner la fonction qui permet de calculer la surface et le périmètre d'un rectangle

Exercice 2.1.3

Donner la fonction qui permet d'échanger deux valeurs a, et b données en paramètres

2.1.2 Listes

N.B : Python offre de nombreuses fonctionnalités qui simplifient les manipulations de listes. Dans ce livre, nous vous proposons une approche sans utiliser les fonctions prédéfinies et une approche qui les intègre.

Exercice 2.2.1

Donner la fonction qui permet de saisir une liste de n valeurs.

Exercice 2.2.2

Écrire le programme qui permet la recherche de la valeur x dans une liste T de N éléments (Recherche séquentielle).

Exercice 2.2.3

Soit T une liste d'entiers, supprimer les éléments nuls de la liste.

Exercice 2.2.4

Écrire le programme qui permet de saisir 10 nombres entiers dans une liste, puis qui recherche et affiche la valeur minimale et la valeur maximale entrée dans la liste. L'affichage mentionnera également les indices auxquels se trouvent le minimum et le maximum.

Exercice 2.2.5 (Tri par sélection)

Donner le programme qui permet de trier une liste de n éléments en utilisant le tri par sélection.

Principe : On cherche le plus petit élément de la liste pour le mettre en premier, puis repartir du second élément en ignorant le premier et de chercher le plus petit élément du reste de la liste pour le mettre au second etc...., à la fin de n passes la liste est trié.

Exercice 2.2.6

Ecrire un programme qui permet de vérifier si une liste T de longueur n est trié.

Indication : T est trié si T[i]<=T[i+1] pour i allant de 0 à n-2

Exercice 2.2.7

Soit T une liste d'entiers positifs et négatifs. Placer les éléments négatifs au début de la liste.

Exercice 2.2.8

Donner la fonction qui permet de lire une liste de longueur n, et affiche le nombre d'entiers pairs contenus dans cette liste.

Exercice 2.2.9

Donner une fonction qui permet d'insérer une valeur v à un indice i dans une liste de longueur n.

Exercice 2.2.10

Donner une fonction qui permet d'inverser les éléments d'une liste.

2.1.3   Fonctions lambda

Exercice 2.3.1

Écrire une fonction lambda qui prend un nombre entier en entrée et renvoie le carré de ce nombre.

Exercice 2.3.2

Écrire une fonction lambda qui prend deux nombres en entrée et renvoie leur somme.

Exercice 2.3.3

Écrire une fonction lambda qui prend une chaîne de caractères en entrée et renvoie la longueur de cette chaîne.

Exercice 2.3.4

Écrire une fonction lambda qui prend une liste de nombres en entrée et renvoie la liste triée par ordre croissant.

2.2 Correction

2.2.1   Fonctions

Exercice 2.1

```python
def maximum(a, b, c):
    max_value = max(a, b, c)
    return max_value
# Test
a = 5
b = 10
c = 3
print(maximum(a, b, c))  # Résultat attendu: 10
```

Exercice 2.2

```python
def rectangle_properties(longueur, largeur):
    surface = longueur * largeur
    perimetre = 2 * (longueur + largeur)
    return surface, perimetre
# Test
longueur = 4
largeur = 6
surface, perimetre = rectangle_properties(longueur, largeur)
print("Surface:", surface)  # Résultat attendu: 24
print("Périmètre:", perimetre)  # Résultat attendu: 20
```

Exercice 2.3

```python
def echanger_valeurs(a, b):
    temp = a
    a = b
    b = temp
    return a, b
```

```python
# Test
a = 10
b = 5
a, b = echanger_valeurs(a, b)
print("a =", a)  # Résultat attendu: 5
print("b =", b)  # Résultat attendu: 10
```

2.2.2 Listes

Exercice 2.2.1

```python
def saisir_valeurs(n):
    valeurs = []
    for i in range(n):
        valeur = input("Saisir une valeur : ")
        valeurs.append(valeur)
    return valeurs
# Test
n = 3
liste_valeurs = saisir_valeurs(n)
print(liste_valeurs)  # #Exemple de saisie: 1, 2, 3 -> Résultat attendu: ['1', '2', '3']
```

Exercice 2.2.2 (Recherche séquentielle) - Avec fonctions prédéfinies :

```python
liste = [2, 5, 8, 10, 12]
valeur = 8
if valeur in liste:
    print("La valeur", valeur, "a été trouvée dans la liste.")
else:
    print("La valeur", valeur, "n'a pas été trouvée dans la liste.")
```

Exercice 2.2.2(Recherche séquentielle) - Sans fonctions prédéfinies :

```python
def recherche_sequentielle(T, x):
    for i in range(len(T)):
        if T[i] == x:
```

```python
        return True
    return False
# Test
liste = [2, 5, 8, 10, 12]
valeur = 8
if recherche_sequentielle(liste, valeur):
    print("La valeur", valeur, "a été trouvée dans la liste.")
else:
    print("La valeur", valeur, "n'a pas été trouvée dans la liste.")
```

Exercice 2.2.3 - Avec fonctions prédéfinies :

```python
liste = [2, 0, 5, 0, 8, 0, 10, 0]
liste = [element for element in liste if element != 0]
print("Liste après suppression des éléments nuls :", liste)
```

Exercice 2.2.3 - Sans fonctions prédéfinies :

```python
def supprimer_elements_nuls(T):
    i = 0
    while i < len(T):
        if T[i] == 0:
            T.pop(i)
        else:
            i += 1
# Test
liste = [2, 0, 5, 0, 8, 0, 10, 0]
supprimer_elements_nuls(liste)
print("Liste après suppression des éléments nuls :", liste)
```

Exercice 2.2.4 - Avec fonctions prédéfinies :

```python
nombres = []
for i in range(10):
    nombre = int(input("Entrez un nombre entier : "))
    nombres.append(nombre)
```

```python
min_val = min(nombres)
min_index = nombres.index(min_val)
max_val = max(nombres)
max_index = nombres.index(max_val)
print("La valeur minimale est", min_val, "à l'indice", min_index)
print("La valeur maximale est", max_val, "à l'indice", max_index)
```

Exercice 2.2.4 - Sans fonctions prédéfinies :

```python
def recherche_min_max(liste):
    min_val = liste[0]
    max_val = liste[0]
    min_index = 0
    max_index = 0
    for i in range(1, len(liste)):
        if liste[i] < min_val:
            min_val = liste[i]
            min_index = i
        if liste[i] > max_val:
            max_val = liste[i]
            max_index = i
    return min_val, min_index, max_val, max_index
nombres = []
for i in range(10):
    nombre = int(input("Entrez un nombre entier : "))
    nombres.append(nombre)
min_val, min_index, max_val, max_index = recherche_min_max(nombres)
print("La valeur minimale est", min_val, "à l'indice", min_index)
print("La valeur maximale est", max_val, "à l'indice", max_index)
```

Exercice 2.2.5 (Tri par sélection) - Sans fonctions prédéfinies :

```python
def tri_selection(liste):
    for i in range(len(liste)):
        min_index = i
```

```python
        for j in range(i + 1, len(liste)):
            if liste[j] < liste[min_index]:
                min_index = j
        liste[i], liste[min_index] = liste[min_index], liste[i]


nombres = [5, 2, 8, 3, 10, 1]
tri_selection(nombres)
print("Liste triée :", nombres)
```

Exercice 2.2.5 Tri Python - Avec fonctions prédéfinies :

```python
nombres = [5, 2, 8, 3, 10, 1]
nombres.sort()
print("Liste triée :", nombres)
```

Exercice 2.2.6- Avec fonctions prédéfinies :

```python
nombres = [1, 2, 3, 5, 4, 6]
if nombres == sorted(nombres):
    print("La liste est triée.")
else:
    print("La liste n'est pas triée.")
```

Exercice 2.2.6 -Sans fonctions prédéfinies :

```python
def est_triee(liste):
    for i in range(len(liste) - 1):
        if liste[i] > liste[i + 1]:
            return False
    return True
nombres = [1, 2, 3, 5, 4, 6]
if est_triee(nombres):
    print("La liste est triée.")
else:
    print("La liste n'est pas triée.")
```

Exercice 2.2.7 -Avec fonctions prédéfinies :

```python
nombres = [2, -3, 5, -1, -8, 4, -6]
nombres.sort(key=lambda x: x >= 0)
print("Liste après placement des éléments négatifs au début :", nombres)
```

Exercice 2.2.7 - Sans fonctions prédéfinies :

```python
def placer_negatifs_debut(liste):
    i = 0
    j = len(liste) - 1
    while i < j:
        if liste[i] < 0:
            i += 1
        elif liste[j] >= 0:
            j -= 1
        else:
            liste[i], liste[j] = liste[j], liste[i]
            i += 1
            j -= 1
# Test
nombres = [2, -3, 5, -1, -8, 4, -6]
placer_negatifs_debut(nombres)
print("Liste après placement des éléments négatifs au début :", nombres)
```

Exercice 2.2.8 - Avec fonctions prédéfinies :

```python
def nbres_paires(t, n):
    count = sum(1 for num in t if num % 2 == 0)
    return count
# Test
t = [1, 2, 3, 4, 5, 6, 7, 8, 9, 10]
n = len(t)
print(nbres_paires(t, n))  # Résultat attendu: 5
```

Exercice 2.2.8 - Sans fonctions prédéfinies :

```python
def nbres_paires(t, n):
    count = 0
    for i in range(n):
        if t[i] % 2 == 0:
            count += 1
    return count
# Test
t = [1, 2, 3, 4, 5, 6, 7, 8, 9, 10]
n = len(t)
print(nbres_paires(t, n))  # Résultat attendu: 5
```

Exercice 2.2.9- Avec fonctions prédéfinies :

```python
def inserer(t, n, i, v):
    t.insert(i, v)
# Test
t = [1, 2, 3, 4, 5]
n = len(t)
i = 2
v = 10
inserer(t, n, i, v)
print(t)  # Résultat attendu: [1, 2, 10, 3, 4, 5]
```

Exercice 2.2.9- Sans fonctions prédéfinies :

```python
def inserer(t, n, i, v):
    t.append(0)  # Ajouter un espace vide à la fin de la liste
    for j in range(n, i, -1):
        t[j] = t[j-1]
    t[i] = v
# Test
t = [1, 2, 3, 4, 5]
n = len(t)
```

```python
i = 2
v = 10
inserer(t, n, i, v)
print(t)  # Résultat attendu: [1, 2, 10, 3, 4, 5]
```

Exercice 2.2.10 - Avec fonctions prédéfinies :

```python
def inverser_liste(t):
    return t[::-1]
# Test
t = [1, 2, 3, 4, 5]
inverser = inverser_liste(t)
print(inverser)        #    Résultat    attendu:    [5,    4,    3,    2,    1]
```

Exercice 2.2.10 - Avec fonctions prédéfinies :

```python
def inverser_liste(t):
    return t[::-1]
# Test
t = [1, 2, 3, 4, 5]
inverser = inverser_liste(t)
print(inverser)        #    Résultat    attendu:    [5,    4,    3,    2,    1]
```

Exercice 2.2.10 - Sans fonctions prédéfinies :

```python
def inverser_liste(t):
    n = len(t)
    for i in range(n//2):
        t[i], t[n-i-1] = t[n-i-1], t[i]
    return t
# Test
t = [1, 2, 3, 4, 5]
inverser = inverser_liste(t)
print(inverser)  # Résultat attendu: [5, 4, 3, 2, 1]
```

Exercice 2.3.1 :

```python
carré = lambda x: x**2
# Test :
print(carré(4))  # Résultat attendu : 16
print(carré(-2))  # Résultat attendu : 4
```

Exercice 2.3.2 :

```python
somme = lambda x, y: x + y
# Test :
print(somme(2, 3))  # Résultat attendu : 5
print(somme(-1, 7))  # Résultat attendu : 6
```

Exercice 2.3.3 :

```python
longueur = lambda chaine: len(chaine)
# Test :
print(longueur("Bonjour"))  # Résultat attendu : 7
print(longueur("Hello, World!"))  # Résultat attendu : 13
```

Exercice 2.3.4 :

```python
tri_croissant = lambda liste: sorted(liste)
# Test :
print(tri_croissant([3, 1, 4, 2]))  # Résultat attendu : [1, 2, 3, 4]
print(tri_croissant([-1, 0, 10, -5]))  # Résultat attendu : [-5, -1, 0, 10]
```

Chapitre 3

Chaines de caractères

3 Chaines de caractères

3.1 Enoncés

N.B : Python offre de nombreuses fonctionnalités qui simplifient les manipulations de chaines de caractères. Dans ce livre, nous vous proposons une approche sans utiliser les fonctions prédéfinies et une approche qui les intègre.

Les corrections sont présentées avec un exemple de test des fonctions.

Exercice 3.1

Ecrire la fonction qui permet de calculer la taille d'une chaine de caractères. La fonction renvoie la taille de la chaine.

Exercice 3.2

1) Écrire une fonction recherche_char qui renvoie la position de la première occurrence du caractère c (le caractère passé en argument) dans une chaine s. Si ce caractère n'apparait pas dans la chaine, la fonction renvoie -1.

2) Donner une fonction compte_char qui prend en paramètres une chaine de caractères s et un caractère c, et compte le nombre d'occurrences de c dans s.

Exercice 3.3

Ecrire une fonction qui permet de supprimer les espaces d'une chaine de caractères ch.

Exercice 3.4

Ecrire la fonction qui permet de vérifier si une chaine ch2 est incluse dans une chaine ch1.
La fonction prend les deux chaines en paramètres.
La fonction renvoie 1 si ch2 est incluse dans ch1, sinon elle renvoie 0.

Exercice 3.5

Donner une fonction qui permet de concaténer deux chaines de caractères. La fonction prend les deux chaines en paramètres.

Exercice 3.6

Donner une fonction qui permet de comparer deux chaines de caractères. La fonction renvoie 1 si les deux chaines sont égales sinon elle renvoie 0. La fonction prend les deux chaines en paramètres.

Exercice 3.7

Écrire un programme qui demande à l'utilisateur d'entrer une phrase contenant plusieurs mots séparés par des espaces. Ensuite, utilisez la fonction `split()` pour séparer la phrase en mots individuels et les afficher un par un.

Exercice 3.8

Écrire un programme qui demande à l'utilisateur d'entrer une série de nombres séparés par des virgules. Ensuite, utilisez la fonction `split()` pour séparer les nombres et les convertir en une liste d'entiers. Enfin, affichez la liste de nombres.

3.2 Correction

Exercice 3.1 - Sans fonctions prédéfinies :

```python
def taille(ch):
    count = 0
    for char in ch:
        count += 1
    return count
# Test de la fonction taille
ch = "Hello, world!"
print(taille(ch))  # Résultat attendu: 13
```

Exercice 3.1 - Avec fonctions prédéfinies :

```python
def taille(ch):
    return len(ch)
# Test
ch = "Hello, world!"
print(taille(ch))  # Résultat attendu: 13
```

Exercice 3.2 (1)- Sans fonctions prédéfinies :

```python
def recherche_char(s, c):
    for i in range(len(s)):
        if s[i] == c:
            return i
    return -1
# Test
s = "Hello, world!"
c = "o"
print(recherche_char(s, c))  # Résultat attendu: 4
```

Exercice 3.2 (1)- Avec fonctions prédéfinies :

```python
def recherche_char(s, c):
    return s.find(c)
```

```python
# Test de la fonction recherche_char
s = "Hello, world!"
c = "o"
print(recherche_char(s, c))  # Résultat attendu: 4
```

Exercice 3.2 (2) - Sans fonctions prédéfinies :

```python
def compte_char(s, c):
    count = 0
    for char in s:
        if char == c:
            count += 1
    return count
# Test
s = "Hello, world!"
c = "l"
print(compte_char(s, c))  # Résultat attendu: 3
```

Exercice 3.2 (2) - Avec fonctions prédéfinies :

```python
def compte_char(s, c):
    return s.count(c)
# Test
s = "Hello, world!"
c = "l"
print(compte_char(s, c))  # Résultat attendu: 3
```

Exercice 3.3- Sans fonctions prédéfinies :

```python
def supp(ch):
    ch_without_spaces = ""
    for char in ch:
        if char != " ":
            ch_without_spaces += char
    return ch_without_spaces
```

```python
# Test
ch = "Hello, world!"
print(supp(ch))  # Résultat attendu: "Hello,world!"
```

Exercice 3.3 - Avec fonctions prédéfinies :

```python
def supp(ch):
    return ch.replace(" ", "")
# Test
ch = "Hello, world!"
print(supp(ch))  # Résultat attendu: "Hello,world!"
```

Exercice 3.4 – Sans fonctions prédéfinies :

```python
def inclus(ch1, ch2):
    ch1_len = len(ch1)
    ch2_len = len(ch2)
    for i in range(ch1_len - ch2_len + 1):
        if ch1[i:i+ch2_len] == ch2:
            return 1
    return 0
# Test
ch1 = "Hello, world!"
ch2 = "world"
print(inclus(ch1, ch2))  # Résultat attendu: 1
```

Exercice 3.4 - Avec des fonctions prédéfinies :

```python
def inclus(ch1, ch2):
    return ch2 in ch1
# Test
ch1 = "Hello, world!"
ch2 = "world"
print(inclus(ch1, ch2))  # Résultat attendu: 1
```

Exercice 3.5 - Sans fonctions prédéfinies :

```python
def concatener(ch1, ch2):
    return ch1 + ch2
# Test
ch1 = "Hello"
ch2 = " world!"
print(concatener(ch1, ch2))  # Résultat attendu: "Hello world!"
```

Exercice 3.5 - Avec des fonctions prédéfinies :

```python
def concatener(ch1, ch2):
    return "".join([ch1, ch2])
# Test
ch1 = "Hello"
ch2 = " world!"
print(concatener(ch1, ch2))  # Résultat attendu: "Hello world!"
```

Exercice 3.6 - Sans fonctions prédéfinies :

```python
def comparer(ch1, ch2):
    if len(ch1) != len(ch2):
        return 0
    for i in range(len(ch1)):
        if ch1[i] != ch2[i]:
            return 0
    return 1
# Test
ch1 = "Hello"
ch2 = "Hello"
print(comparer(ch1, ch2))  # Résultat attendu: 1
```

Exercice 3.6 – Avec des fonctions prédéfinies :

```python
def comparer(ch1, ch2):
    return ch1 == ch2
```

```python
# Test
ch1 = "Hello"
ch2 = "Hello"
print(comparer(ch1, ch2))  # Résultat attendu: 1
```

Exercice 3.7 :

```python
sentence = input("Entrez une phrase : ")
# Séparer la phrase en mots individuels en utilisant la fonction split()
words = sentence.split()
# Afficher les mots un par un
print("Mots individuels :")
for word in words:
    print(word)
```

Exercice 3.8 :

```python
# Demander à l'utilisateur d'entrer une série de nombres séparés par des virgules
numbers_input = input("Entrez une série de nombres séparés par des virgules : ")
# Séparer les nombres en utilisant la fonction split()
numbers_list = numbers_input.split(",")
# Convertir les nombres en entiers
numbers = [int(number) for number in numbers_list]
# Afficher la liste de nombres
print("Liste de nombres :", numbers)
```

Chapitre 4
Dictionnaires, Tuples, et Ensembles

4 Dictionnaires, Tuples, et Ensembles

4.1 Enoncés

N.B : Les fonctions sont présentées avec un exemple de test.

4.1.1 Dictionnaires

Exercice 4.1.1

Écrire une fonction qui compte le nombre d'éléments dans un dictionnaire. La fonction doit prendre en paramètre le dictionnaire et renvoyer le nombre d'éléments.

Exercice 4.1.2

Écrire une fonction qui fusionne deux dictionnaires en un seul. La fonction doit prendre en paramètre les deux dictionnaires et renvoyer le dictionnaire fusionné.

Exercice 4.1.3

Écrire une fonction qui trouve la clé correspondant à une valeur donnée dans un dictionnaire. La fonction doit prendre en paramètre le dictionnaire et la valeur recherchée, et renvoyer la clé correspondante.

Exercice 4.1.4

Écrire une fonction qui vérifie si toutes les clés d'un dictionnaire sont présentes dans une liste donnée. La fonction doit prendre en paramètre le dictionnaire et la liste, et renvoyer True si toutes les clés sont présentes, sinon False.

Exercice 4.1.5

Écrire une fonction qui calcule la somme des valeurs d'un dictionnaire. La fonction doit prendre en paramètre le dictionnaire et renvoyer la somme des valeurs.

Exercice 4.1.6

Écrire une fonction qui trouve la valeur maximale d'un dictionnaire. La fonction doit prendre en paramètre le dictionnaire et renvoyer la valeur maximale.

Exercice 4.1.7

Écrire une fonction qui trouve la clé correspondant à la valeur maximale dans un dictionnaire. La fonction doit prendre en paramètre le dictionnaire et renvoyer la clé correspondante.

Exercice 4.1.8

Écrire une fonction qui supprime un élément d'un dictionnaire en utilisant sa clé. La fonction doit prendre en paramètre le dictionnaire et la clé à supprimer, et modifier le dictionnaire en conséquence.

4.1.2 Tuples

Exercice 4.2.1

Écrire une fonction qui calcule la somme des éléments d'un tuple d'entiers. La fonction doit prendre en paramètre le tuple et renvoyer la somme.

Exercice 4.2.2

Écrire une fonction qui trouve l'élément maximal dans un tuple. La fonction doit prendre en paramètre le tuple et renvoyer l'élément maximal.

Exercice 4.2.3

Écrire une fonction qui renverse l'ordre des éléments d'un tuple. La fonction doit prendre en paramètre le tuple et renvoyer un nouveau tuple avec les éléments inversés.

Exercice 4.2.4

Écrire une fonction qui compte le nombre d'occurrences d'un élément dans un tuple. La fonction doit prendre en paramètre le tuple et l'élément recherché, et renvoyer le nombre d'occurrences.

Exercice 4.2.5

Écrire une fonction qui fusionne deux tuples en un seul. La fonction doit prendre en paramètre les deux tuples et renvoyer le tuple fusionné.

Exercice 4.2.6

Écrire une fonction qui extrait une sous-séquence d'un tuple en spécifiant un indice de début et un indice de fin. La fonction doit prendre en paramètre le tuple, l'indice de début et l'indice de fin, et renvoyer un nouveau tuple avec la sous-séquence extraite.

Exercice 4.3.1

Ecrire une fonction qui prend deux ensembles en entrée et renvoie un nouvel ensemble contenant les éléments communs entre les deux ensembles.

Exercice 4.3.2

Ecrire une fonction qui prend deux ensembles en entrée et renvoie un nouvel ensemble contenant les éléments uniques des deux ensembles.

Exercice 4.3.3

Ecrire une fonction qui prend un ensemble en entrée et renvoie la longueur de l'ensemble.

Exercice 4.3.4

Ecrire une fonction qui prend deux ensembles en entrée et renvoie un nouvel ensemble contenant les éléments présents dans le premier ensemble mais pas dans le deuxième ensemble.

Exercice 4.3.5

Ecrire une fonction qui prend deux ensembles en entrée et renvoie un nouvel ensemble contenant les éléments présents dans l'un des deux ensembles, mais pas dans les deux.

Exercice 4.3.6

Ecrire une fonction qui prend deux ensembles en entrée et renvoie un nouvel ensemble contenant les éléments présents dans le premier ensemble mais pas dans le deuxième ensemble, et vice versa.

4.2 Correction

4.2.1 Dictionnaires

Exercice 4.1.1 :

```python
def compter_elements(dictionnaire):
    return len(dictionnaire)
# Test
mon_dictionnaire = {'a': 1, 'b': 2, 'c': 3}
print(compter_elements(mon_dictionnaire)) # Résultat attendu : 3
```

Exercice 4.1.2 :

```python
def fusionner_dictionnaires(dictionnaire1, dictionnaire2):
    fusion = {**dictionnaire1, **dictionnaire2}
    return fusion
# Test
dictionnaire1 = {'a': 1, 'b': 2}
dictionnaire2 = {'c': 3, 'd': 4}
print(fusionner_dictionnaires(dictionnaire1, dictionnaire2)) # Résultat attendu : {'a': 1, 'b': 2, 'c': 3, 'd': 4}
```

Exercice 4.1.3 :

```python
def trouver_cle(dictionnaire, valeur):
    for cle, val in dictionnaire.items():
        if val == valeur:
            return cle
    return None
# Test
mon_dictionnaire = {'a': 1, 'b': 2, 'c': 3}
print(trouver_cle(mon_dictionnaire, 2)) # Résultat attendu : 'b'
```

Exercice 4.1.4 :

```python
def verifier_cles(dictionnaire, liste):
```

```python
    return all(cle in dictionnaire for cle in liste)
# Test
mon_dictionnaire = {'a': 1, 'b': 2, 'c': 3}
ma_liste = ['a', 'b']
print(verifier_cles(mon_dictionnaire, ma_liste)) # Résultat attendu : True
```

Exercice 4.1.5 :

```python
def calculer_somme_valeurs(dictionnaire):
    return sum(dictionnaire.values())
# Test
mon_dictionnaire = {'a': 1, 'b': 2, 'c': 3}
print(calculer_somme_valeurs(mon_dictionnaire)) # Résultat attendu : 6
```

Exercice 4.1.6 :

```python
def trouver_valeur_max(dictionnaire):
    return max(dictionnaire.values())
# Test
mon_dictionnaire = {'a': 1, 'b': 2, 'c': 3}
print(trouver_valeur_max(mon_dictionnaire)) # Résultat attendu : 3
```

Exercice 4.1.7 :

```python
def trouver_cle_max(dictionnaire):
    return max(dictionnaire, key=dictionnaire.get)
# Test
mon_dictionnaire = {'a': 1, 'b': 2, 'c': 3}
print(trouver_cle_max(mon_dictionnaire)) # Résultat attendu : 'c'
```

Exercice 4.1.8 :

```python
def supprimer_element(dictionnaire,cle):
    if cle in dictionnaire:
        del dictionnaire[cle]
# Test
mon_dictionnaire = {'a': 1, 'b': 2, 'c': 3}
```

```python
supprimer_element(mon_dictionnaire, 'b')
print(mon_dictionnaire) # Résultat attendu : {'a': 1, 'c': 3}
```

4.2.2 Tuples :

Exercice 4.2.1 :
```python
def calculer_somme(tuple_entiers):
    return sum(tuple_entiers)
# Test
mon_tuple = (1, 2, 3, 4, 5)
print(calculer_somme(mon_tuple)) # Résultat attendu : 15
```

Exercice 4.2.2 :
```python
def trouver_max(tuple_elements):
    return max(tuple_elements)
# Test
mon_tuple = (1, 5, 2, 4, 3)
print(trouver_max(mon_tuple)) # Résultat attendu : 5
```

Exercice 4.2.3 :
```python
def renverser_tuple(tuple_elements):
    return tuple_elements[::-1]
# Test
mon_tuple = (1, 2, 3, 4, 5)
print(renverser_tuple(mon_tuple)) # Résultat attendu : (5, 4, 3, 2, 1)
```

Exercice 4.2.4 :
```python
def compter_occurrences(tuple_elements, element):
    return tuple_elements.count(element)
# Test
mon_tuple = (1, 2, 3, 2, 4, 2, 5)
print(compter_occurrences(mon_tuple, 2)) # Résultat attendu : 3
```

Exercice 4.2.5 :

```python
def fusionner_tuples(tuple1, tuple2):
    fusion = tuple1 + tuple2
    return fusion
# Test
tuple1 = (1, 2, 3)
tuple2 = (4, 5, 6)
print(fusionner_tuples(tuple1, tuple2)) # Résultat attendu : (1, 2, 3, 4, 5, 6)
```

Exercice 4.2.6 :

```python
def extraire_sous_sequence(tuple_elements, debut, fin):
    return tuple_elements[debut:fin+1]
# Test
mon_tuple = (1, 2, 3, 4, 5)
print(extraire_sous_sequence(mon_tuple, 1, 3))
# Résultat attendu : (2, 3, 4)
```

4.2.3   Ensembles

Exercice 4.3.1

```python
def common_elements(set1, set2):
    return set1.intersection(set2)
# Test
set_a = {1, 2, 3}
set_b = {2, 3, 4}
common = common_elements(set_a, set_b)
print("Elements communs :", common)
```

Exercice 4.3.2

```python
def unique_elements(set1, set2):
    return set1.symmetric_difference(set2)
# Test
unique = unique_elements(set_a, set_b)
print("Elements uniques :", unique)
```

Exercice 4.3.3

```python
def set_length(set1):
    return len(set1)
# Test
length = set_length(set_a)
print("Longueur de l'ensemble :", length)
```

Exercice 4.3.4

```python
def set_difference(set1, set2):
    return set1.difference(set2)
# Test
difference = set_difference(set_a, set_b)
print("Difference des ensembles :", difference)
```

Exercice 4.3.5

```python
def set_symmetric_difference(set1, set2):
    return set1.symmetric_difference(set2)
# Test
symmetric_difference = set_symmetric_difference(set_a, set_b)
print("Difference symétrique des ensembles :", symmetric_difference)
```

Exercice 4.3.6

```python
def set_mutual_difference(set1, set2):
    return set1.difference(set2).union(set2.difference(set1))
# Test
mutual_difference = set_mutual_difference(set_a, set_b)
print("Difference mutuelle des ensembles :", mutual_difference)
```

Chapitre 5
Fichiers

5 Fichiers

5.1 Enoncés

Exercice 5.1

Lire le contenu d'un fichier texte et afficher son contenu.

Exercice 5.2

Écrire du texte dans un fichier.

Exercice 5.3

Compter le nombre de lignes dans un fichier.

Exercice 5.4

Rechercher un mot dans un fichier et renvoyer le nombre d'occurrences.

Exercice 5.5

Copier le contenu d'un fichier source vers un fichier destination.

Exercice 5.6

Supprimer un fichier.

Exercice 5.7

Écrire un programme Python qui lit un fichier CSV contenant des informations sur des étudiants (nom, âge, note) et affiche le nom de l'étudiant ayant obtenu la meilleure note.

Exercice 5.8

Écrire un programme Python qui lit un fichier CSV contenant des informations sur des employés (nom, salaire) et calcule la somme totale des salaires de tous les employés.

Exercice 5.9

Écrire un programme Python qui lit un fichier CSV contenant des données sur des ventes (produit, quantité, prix unitaire) et calcule le chiffre d'affaires total.

Exercice 5.10

Écrire un programme Python qui lit un fichier JSON contenant des informations sur des livres (titre, auteur, année de publication) et affiche le titre du livre le plus récent.

Exercice 5.11

Écrire un programme Python qui lit un fichier JSON contenant des données sur des employés (nom, âge, département) et affiche le nom de l'employé le plus âgé.

Exercice 5.12

Écrire un programme Python qui lit un fichier JSON contenant des informations sur des films (titre, réalisateur, durée) et affiche le titre du film le plus long.

Exercice 5.13

Écrire un programme Python qui lit un fichier CSV contenant des informations sur des étudiants (nom, matière, note) et crée un dictionnaire où les clés sont les noms des étudiants et les valeurs sont les moyennes de leurs notes.

Exercice 5.14

Écrire un programme Python qui lit un fichier CSV contenant des informations sur des employés (nom, département, salaire) et crée un fichier CSV supplémentaire contenant uniquement les employés du département "Ventes".

5.2 Correction

Exercice 5.1 :

```
nom_fichier = "mon_fichier.txt"
with open(nom_fichier, 'r') as f:
    contenu = f.read()
print(contenu)
```

Exercice 5.2 :

```
nom_fichier = "mon_fichier.txt"
texte = "Ceci est un exemple de texte."
with open(nom_fichier, 'w') as f:
    f.write(texte)
```

Exercice 5.3 :

```
nom_fichier = "mon_fichier.txt"
count = 0
with open(nom_fichier, 'r') as f:
    for ligne in f:
        count += 1
print(count)
```

Exercice 5.4 :

```
nom_fichier = "mon_fichier.txt"
mot_recherche = "exemple"
count = 0
with open(nom_fichier, 'r') as f:
    for ligne in f:
        mots = ligne.split()
        count += mots.count(mot_recherche)
print(count)
```

Exercice 5.5 :

```python
source = "source.txt"
destination = "destination.txt"
with open(source, 'r') as f1:
    contenu = f1.read()
with open(destination, 'w') as f2:
    f2.write(contenu)
```

Exercice 5.6 :

```python
import os
nom_fichier = "mon_fichier.txt"
if os.path.exists(nom_fichier):
    os.remove(nom_fichier)
    print(f"Le fichier {nom_fichier} a été supprimé.")
else:
    print(f"Le fichier {nom_fichier} n'existe pas.")
```

Exercice 5.7 :

```python
import csv
with open('etudiants.csv', 'r') as fichier:
    lecteur = csv.reader(fichier)
    entete = next(lecteur)
    meilleure_note = 0
    meilleur_etudiant = ""
    for ligne in lecteur:
        nom, age, note = ligne
        note = float(note)
        if note > meilleure_note:
            meilleure_note = note
            meilleur_etudiant = nom
    print("L'étudiant ayant obtenu la meilleure note est :", meilleur_etudiant)
```

Exercice 5.8 :

```python
import csv
```

```python
salaire_total = 0
with open('employes.csv', 'r') as fichier:
    lecteur = csv.reader(fichier)
    entete = next(lecteur)
    for ligne in lecteur:
        nom, salaire = ligne
        salaire = float(salaire)
        salaire_total += salaire
print("La somme totale des salaires est :", salaire_total)
```

Exercice 5.9 :

```python
import csv
chiffre_affaires_total = 0
with open('ventes.csv', 'r') as fichier:
    lecteur = csv.reader(fichier)
    entete = next(lecteur)
    for ligne in lecteur:
        produit, quantite, prix_unitaire = ligne
        quantite = int(quantite)
        prix_unitaire = float(prix_unitaire)
        chiffre_affaires_total += quantite * prix_unitaire
print("Le chiffre d'affaires total est :", chiffre_affaires_total)
```

Exercice 5.10 :

```python
import json
with open('livres.json', 'r') as fichier:
    livres = json.load(fichier)
    livre_plus_recent = max(livres, key=lambda x: x['année de publication'])
    print("Le livre le plus récent est :", livre_plus_recent['titre'])
```

Exercice 5.11 :

```python
import json
with open('employes.json', 'r') as fichier:
```

```python
    employes = json.load(fichier)
    employe_plus_age = max(employes, key=lambda x: x['âge'])
    print("L'employé le plus âgé est :", employe_plus_age['nom'])
```

Exercice 5.12 :

```python
import json
with open('films.json', 'r') as fichier:
    films = json.load(fichier)
    film_plus_long = max(films, key=lambda x: x['durée'])
    print("Le film le plus long est :", film_plus_long['titre'])
```

Exercice 5.13 :

```python
import csv
moyennes_notes = {}
with open('etudiants.csv', 'r') as fichier:
    lecteur = csv.reader(fichier)
    entete = next(lecteur)
    for ligne in lecteur:
        nom, matiere, note = ligne
        note = float(note)
        if nom in moyennes_notes:
            moyennes_notes[nom].append(note)
        else:
            moyennes_notes[nom] = [note]
for nom, notes in moyennes_notes.items():
    moyenne = sum(notes) / len(notes)
    moyennes_notes[nom] = moyenne
print("Moyennes des notes des étudiants :", moyennes_notes)
```

Exercice 5.14 :

```python
import csv
employes_ventes = []
with open('employes.csv', 'r') as fichier:
```

```python
    lecteur = csv.reader(fichier)
    entete = next(lecteur)
    for ligne in lecteur:
        nom, departement, salaire = ligne
        if departement == "Ventes":
            employes_ventes.append([nom, departement, salaire])
with open('employes_ventes.csv', 'w', newline='') as fichier:
    ecrivain = csv.writer(fichier)
    ecrivain.writerow(entete)
    ecrivain.writerows(employes_ventes)
print("Le fichier des employés du département 'Ventes' a été créé avec succès.")
```

Chapitre 6

Récursivité

6 Récursivité

6.1 Enoncés

Exercice 6.1

Ecrire la fonction récursive qui permet de calculer la somme des n premiers entiers.

Exercice 6.2

Ecrire une fonction récursive qui permet de calculer la somme $1 + \frac{1}{2} + \frac{1}{3} + ... + \frac{1}{n}$.

Exercice 6.3

Donner une fonction récursive qui permet de calculer la somme des chiffres d'un entier n.

Exercice 6.4

En utilisant l'exercice 3, Donner la fonction récursive qui permet de vérifier si un nombre entier est divisible par 3.

Indication : Un entier est divisible par 3 si la somme de ses chiffres est divisible par 3.

Exercice 6.5

Donner la fonction récursive qui permet de calculer la suite de Fibonacci.

La suite de Fibonacci est définie comme suit :

$U_0 = 1$

$U_1 = 1$

$U_n = U_{n-1} + U_{n-2}$

Exercice 6.6

Donner la fonction récursive qui permet de calculer x^n.

6.2 Correction

Exercice 6.1:

```python
def somme_entiers_recursif(n):
    if n == 0:
        return 0
    else:
        return n + somme_entiers_recursif(n-1)
# Test
print(somme_entiers_recursif(5))  # Résultat attendu : 15
```

Exercice 6.2:

```python
def somme_fraction_recursif(n):
    if n == 1:
        return 1
    else:
        return 1/n + somme_fraction_recursif(n-1)
# Test
print(somme_fraction_recursif(5))  # Résultat attendu : 2.283333333333333
```

Exercice 6.3:

```python
def somme_chiffres_recursif(n):
    if n < 10:
        return n
    else:
        return n % 10 + somme_chiffres_recursif(n // 10)
# Test
print(somme_chiffres_recursif(12345))  # Résultat attendu : 15
```

Exercice 6.4:

```python
def divisible_par_trois_recursif(n):
    if n < 10:
        return n % 3 == 0
    else:
        return (n % 10 + divisible_par_trois_recursif(n // 10)) % 3 == 0
# Test
print(divisible_par_trois_recursif(12345))  # Résultat attendu : True
print(divisible_par_trois_recursif(987654321))  # Résultat attendu : False
```

Exercice 6.5:
```python
def fibonacci_recursif(n):
    if n <= 1:
        return n
    else:
        return fibonacci_recursif(n-1) + fibonacci_recursif(n-2)
# Test
print(fibonacci_recursif(6))  # Résultat attendu : 8
```

Exercice 6.6:
```python
def calculer_xn_recursif(x, n):
    if n == 0:
        return 1
    elif n % 2 == 0:
        return calculer_xn_recursif(x * x, n // 2)
    else:
        return x * calculer_xn_recursif(x * x, n // 2)
# Test
print(calculer_xn_recursif(2, 4))  # Résultat attendu : 16
```

Chapitre 7
Travaux pratiques (structures de données)

7 Travaux pratiques (Structures de données)

7.1 Enoncé

Exercice 7.1

Soit un dictionnaire qui regroupe les informations sur un étudiant : le numéro d'étudiant, le nom, le prénom, et la filière.

1) Donner la fonction qui permet de saisir une liste de n étudiants.

2) Donner une fonction qui permet d'afficher une liste d'étudiants.

3) Donner une fonction qui permet d'affecter les informations d'un étudiant à un autre étudiant.

4) Donner une fonction qui permet d'échanger les informations de deux étudiants.

5) Ecrire la fonction qui permet d'ajouter un étudiant au début de la liste. La fonction prend en paramètres la liste des étudiants, les informations de l'étudiant à ajouter.

6) Ecrire la fonction qui permet de supprimer un étudiant. La fonction prend en paramètres le liste des étudiants, le nom, et le prénom de l'étudiant à supprimer.

7) Donner une fonction qui permet de chercher un étudiant suivant son nom et son prénom.

8) Donner une fonction qui permet de trier une liste d'étudiants suivant le nom et le prénom.

9) Ecrire un menu qui permet d'appeler les opérations ci-dessus.

7.2 Correction

Exercice 7.1 :

```python
# 1) Saisir une liste de n étudiants
def saisir_etudiants(n):
    etudiants = []
    for i in range(n):
        etudiant = {}
        etudiant["num_etudiant"] = input("Numéro d'étudiant : ")
        etudiant["nom"] = input("Nom : ")
        etudiant["prenom"] = input("Prénom : ")
        etudiant["filiere"] = input("Filière : ")
        etudiants.append(etudiant)
    return etudiants


# 2) Afficher une liste d'étudiants
def afficher_etudiants(etudiants):
    for etudiant in etudiants:
        print("Numéro d'étudiant :", etudiant["num_etudiant"])
        print("Nom :", etudiant["nom"])
        print("Prénom :", etudiant["prenom"])
        print("Filière :", etudiant["filiere"])
        print()


# 3) Affecter les informations d'un étudiant à un autre étudiant
def affecter_informations(etudiant_dest, etudiant_src):
    etudiant_dest["num_etudiant"] = etudiant_src["num_etudiant"]
    etudiant_dest["nom"] = etudiant_src["nom"]
    etudiant_dest["prenom"] = etudiant_src["prenom"]
    etudiant_dest["filiere"] = etudiant_src["filiere"]


# 4) Échanger les informations de deux étudiants
```

```python
def echanger_informations(etudiant1, etudiant2):
    temp = etudiant1.copy()
    affecter_informations(etudiant1, etudiant2)
    affecter_informations(etudiant2, temp)


# 5) Ajouter un étudiant au début de la liste
def ajouter_etudiant_debut(liste_etudiants, etudiant):
    liste_etudiants.insert(0, etudiant)


# 6) Supprimer un étudiant
def supprimer_etudiant(liste_etudiants, nom, prenom):
    for etudiant in liste_etudiants:
        if etudiant["nom"] == nom and etudiant["prenom"] == prenom:
            liste_etudiants.remove(etudiant)
            break


# 7) Chercher un étudiant suivant son nom et son prénom
def chercher_etudiant(liste_etudiants, nom, prenom):
    for etudiant in liste_etudiants:
        if etudiant["nom"] == nom and etudiant["prenom"] == prenom:
            return etudiant
    return None


# 8) Trier une liste d'étudiants suivant le nom et le prénom
def trier_etudiants(etudiants):
    return sorted(etudiants, key=lambda x: (x["nom"], x["prenom"]))


# 9) Menu pour appeler les opérations
def menu():
    liste_etudiants = []
    while True:
        print("\n----- MENU -----")
        print("1. Saisir une liste d'étudiants")
```

```python
        print("2. Afficher la liste d'étudiants")
        print("3. Affecter les informations d'un étudiant à un autre étudiant")
        print("4. Échanger les informations de deux étudiants")
        print("5. Ajouter un étudiant au début de la liste")
        print("6. Supprimer un étudiant")
        print("7. Chercher un étudiant")
        print("8. Trier la liste d'étudiants")
        print("9. Quitter")
        choix = int(input("Choix : "))
        if choix == 1:
            n = int(input("Nombre d'étudiants : "))
            liste_etudiants = saisir_etudiants(n)
        elif choix == 2:
            afficher_etudiants(liste_etudiants)
        elif choix == 3:
            etudiant_dest = {"num_etudiant": "", "nom": "", "prenom": "", "filiere": ""}
            etudiant_src = {"num_etudiant": "123", "nom": "Dupont", "prenom": "Jean",
"filiere": "Informatique"}
            affecter_informations(etudiant_dest, etudiant_src)
            print(etudiant_dest)
        elif choix == 4:
            etudiant1 = {"num_etudiant": "123", "nom": "Dupont", "prenom": "Jean",
"filiere": "Informatique"}
            etudiant2 = {"num_etudiant": "456", "nom": "Martin", "prenom": "Alice",
"filiere": "Gestion"}
            echanger_informations(etudiant1, etudiant2)
            print(etudiant1)
            print(etudiant2)
        elif choix == 5:
            etudiant = {"num_etudiant": "789", "nom": "Doe", "prenom": "John", "filiere":
"Physique"}
            ajouter_etudiant_debut(liste_etudiants, etudiant)
        elif choix == 6:
```

```python
        nom = input("Nom de l'étudiant à supprimer : ")
        prenom = input("Prénom de l'étudiant à supprimer : ")
        supprimer_etudiant(liste_etudiants, nom, prenom)
    elif choix == 7:
        nom = input("Nom de l'étudiant à chercher : ")
        prenom = input("Prénom de l'étudiant à chercher : ")
        etudiant = chercher_etudiant(liste_etudiants, nom, prenom)
        if etudiant:
            print(etudiant)
        else:
            print("Étudiant introuvable.")
    elif choix == 8:
        liste_etudiants = trier_etudiants(liste_etudiants)
    elif choix == 9:
        break
    else:
        print("Choix invalide. Veuillez réessayer.")
# Appel de la fonction menu pour tester les opérations
menu()
```